Luciana Rausch

Taquicardia poética

ilustrações
Lisi Wendel

AGRADECIMENTOS

Dedico este livro aos corações que
me fazem ser tão feliz e grata.
Meu marido, Humberto, e nossos
filhos queridos, Maria e Betinho.
Aos meus pais, irmãos,
sobrinhos e família.
Aos meus amigos do peito que
sabem quem são pela sintonia de
nossos batimentos cardíacos.
A Família Sá pelo carinho e apoio.
A todas as minhas Alminhas Poéticas,
a nossa Senhora Aparecida e todos
os meus anjos de prontidão. Amém.

PREFÁCIO

Do instante que há entre uma e outra
sístole se alimenta o coração. Faz da
força ejetiva o manancial do corpo,
mas é no silêncio e no refluir manso
da diástole que nutre a si mesmo.

Assim é este coração de poeta. Devora
o mundo, sorve tudo com avidez,
mas é na pausa, quando as vozes se
calam e se fazem ouvir os sons das
reminiscências, que é alimentado. De
vida, afetos, humores... e palavras.

E coração de poeta não poderia ser como
os demais, em quatro câmaras somente
não caberia tamanho sentir. Este coração
que agora você tem nas mãos é vasto,
cria laço com o infinito, jorrando
de si diretamente para o papel.

Permita-se sentir a pulsação.

Heloisa Almeida

Heloisa é pediatra intensivista e atualmente
trabalha na Santa Casa de Belo Horizonte, hospital
que é referência no cuidado de crianças portadoras
de cardiopatia congênita. Tem na literatura uma
via para compreensão de si mesma e do mundo.

@pralerumtexto

Safena

Aorta

Coração

SAFENA

Desconforto

Desconforto

Coração de poeta é igual a
mensageiro do vento...
tilinta à toa.

Autolimpante

Não quero a solidão, nem
o pó da melancolia.
Mas ela sempre chega singela e pura.
Despeja nos meus ombros caídos a sua dor.
Nesta hora é melhor calar.
Deixar cair a última gota de lágrima.
Fria, nua, vazia.
O peito livre respira...
A dor é invasiva, necessária
e autolimpante.

Fertilizante

A dor é um fertilizante poético.

There is a Hole in My Soul

Preciso falar do que me escapa os
dedos, do que eu sofro em segredo…
Necessito das palavras para ladear
a ferida dentro de mim.
Por isso, escrevo.
Não para tapar buracos, mas para
aprender a conviver com eles.

Dores do mundo

Medito no amor profundo quando as
dores do mundo me angustiam.
Tenho ombros largos, até suporto a
dor, se a poesia fizer sempre
um contraponto em mim.

Abismo

Poesia é a arte de construir com
palavras uma ponte sobre o abismo.

Poesia em tempos de cólera

Poesia em tempos insanos.
Angústias e sofrimentos...
Poetizar em meio ao caos.
O mundo: um barril de pólvora,
muita seca e amargura.
Procuro lembrar das bolhas de
sabão da minha infância.
Fico leve para contemplar e tomar fôlego.
Abstraio todos os males e penso
que aqui ainda é um jardim.
Conecto com o dono dele...
Respiro aliviada.
Acreditar no paraíso, me blinda.

Amélie

Vão-se os anéis e ficam os dedos.
Mas com Amélie foi diferente.
Quando ela partiu, levou um
pedaço da minha ilusão.
Fico pensando em todos os anéis
e brincos que perdi na vida.
Imagino os novos donos...
Algum sentimento de culpa?
Não sei.
A ilusão de um mundo sem
perdas me atormenta.
Minha prerrogativa poética: resgatar
em mim a força de Amélie.

Refém

Tudo o que é meu não me pertence.
Sou refém da química e física da vida.
Sou corpo ido.
A terra, planeta em extinção.
Eu, alma em pleno voo.

Canavarro

Somos aladas, seres em
desconstrução contínua.
Sempre em obras, cobrindo
danos e distrações.
A viagem para Nárnia não é longínqua...
mas para encontrarmos o portal
necessitamos das asas quando a realidade
sufoca o encanto.

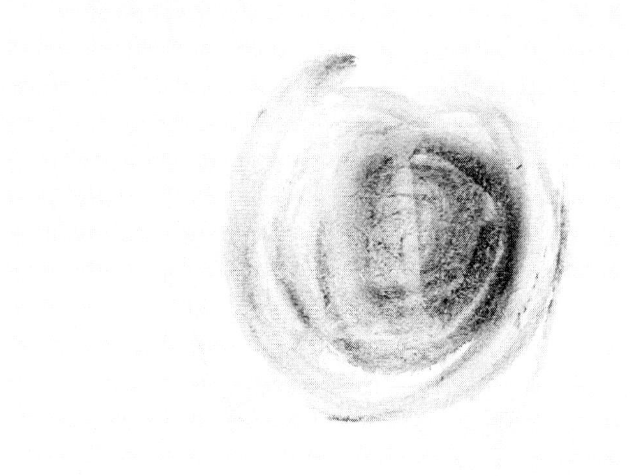

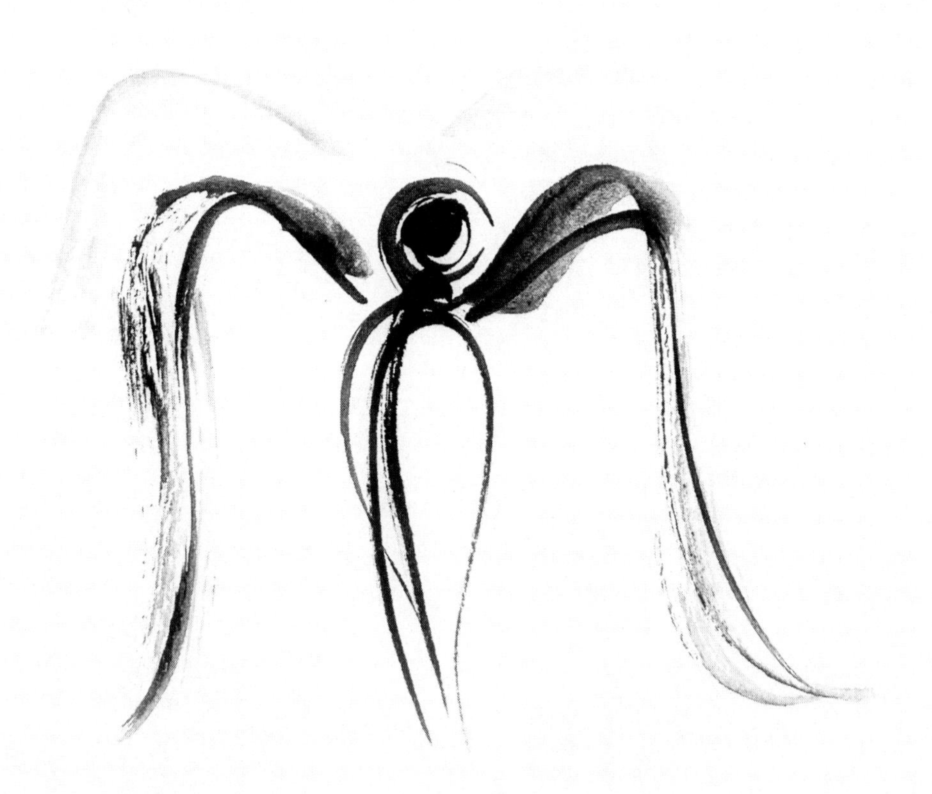

Tata

Queria tirar as suas dores
do corpo e da alma,
como quem te puxa para dar um abraço...
apertado.
A cada respirada, sugaria para
dentro de mim uma dor sua.
Quisera eu, poder te curar assim, trazer
toda a sua dor para dentro de mim.

Inveja

A inveja...
Não curte, nem deleta,
ela espreita.
Não existe a branca.
Ter uma cor, seria dar a ela
um toque de humanidade.
Incolor ela é.
Perigosa também.

Altar

Tenho sonhos trôpegos,
desejos insanos e coragens vertiginosas.
Mas quando poetizo,
fico imaculada.

Analógica

Acordei saudosa...
e assim quero estar.
Meu coração analógico
não aprendeu a deletar,
esquecer, deixar para lá.
Ele sangra, absorve, se apega.
Digitalmente falando, preciso aprender
a passar para a próxima fase.

Sideral

O tempo que precede o tempo...
O pulsar do meu coração batendo solitário,
numa melodia ritmada e ecoante.
Onde mora o quase melodramático
murmurinho das estrelas.

Poema subliminar

O mundo é um jardim.
Jardins não necessitam de muros.
Nada que os limite e aprisione.
Raízes, mesmo distantes, se entrelaçam
embaixo da terra.
Aqui em cima deveríamos fazer o mesmo.
A natureza é sábia.

Dom

Os poemas que habitam em mim,
me guiam nesta jornada terrena.
Canalizam e dissipam energias.
Me orientam e evitam que eu me perca.
Durante o meu caminhar,
são sopros de vida e esperança.
Quando saem de mim e vão para o
mundo das palavras, viram preces.

Trem alado

A vida vivida e a inventada, hoje,
vieram me dar os parabéns.
A inventada por ser a asa
que sustenta o meu voo.
A vivida por ser o vagão sereno
que segue no trilho...
sem medo de descarrilhar e alcançar
o calcanhar das estrelas.

Nozinho

Hoje estou saudosa, um pouco
aflita e melindrosa.
Na iminência de um poema,
meu coração se agita.
Falta fôlego e sobra amor, que
segue amolecendo esse
nozinho aqui no meu peito.

Equilibrista

Gosto de seres com alma alada.
O chão é só um ponto de vista.
A verdadeira vertigem é ter
uma alma aprisionada.

Oásis

Existem desertos onde habito.
Paisagens áridas me querem
como moradora fixa.
Não descarto.
Sonho com o oásis em meio
a imensidão seca.
São perfumes de esperança.
Pura candura e umidade.
Semelhantes ao meu coração.

Pressão

Sinto Cronos esbarrando em
mim e sussurrando:
- Procrastina não, segue em frente.
Crê.
Realiza, e não me subestime,
estou no seu encalço.

GPS

Não questione as curvas do caminho...
e as ruas sem saída também.
Deus tem o Google Maps do seu destino.
Você está onde ele quer.

Outside

Chove lá fora...
mas o mormaço em mim reverbera.

Sombra azul

Preciso falar sobre a sombra azul...
Dos desejos que despertam,
da loucura e da insensatez.
O mergulho no infinito mar.
O voo no céu azul.
A pálpebra pintada denuncia o meu segredo.
Tenho medo de me afogar,
tenho medo de voar e nunca mais voltar.

Three Little Birds

The three little birds me fisgaram.
Caminhar e olhar para o alto,
me faz perceber
o quanto de chão existe em nós
e o pouco de céu também.

Carreira solo

A madrugada tem este dom de me despertar.
Afligida com a angústia do mundo, me ponho
a poetizar.
Estou só num palco escuro
prestes a estrear...
Dizer da dor que sinto num
solo que me faz chorar.

Minério com sangue

Minas despeja lágrimas de
minério com sangue.
Solo sagrado.
Derramam em seus leitos alguns
dos sete pecados.

Ícaro

No encalço da pipa eu vou...
Meu olhar é quase um pedido de resgate.
Sonho de Ícaro.
Por isso, a obsessão.

Crepúsculo

Finalizo o meu dia buscando
sempre o pôr do sol.
Sábio e nobre conselheiro, ri
das minhas ansiedades,
e antes de me deixar, já na
linha do horizonte,
me distrai com o lusco-fusco.
Tudo combinado.
Não gosta de despedidas.

Sempre ele

O meu tempo não acompanha o
tic-tac dos relógios.
Estendo dias e noites.
Faço de Cronos meu inimigo oculto,
quando deposito minhas lágrimas no
estressar de suas horas famintas.

Carnaval

Às vezes visto a tristeza de alegria.
É como em um carnaval em que você não
tem fantasia e usa uma emprestada.
Te aperta, machuca...
Mas faz efeito.
Segue o baile.

Anamnese

Sou de densidades, aderências,
discrepâncias.
Sou de sonhos, risadas, reminiscências.
Sou o fluir das águas e os
espasmos na madrugada.
Sou e nada sou, entre o querer
e o frigir dos ovos.

Tempo poético

Quando poemas embutidos em
mim resolvem se rebelar,
é um desconforto só.
A poesia necessita de pausa
e contemplação.
Se atribulada estou, reprimida ela está.
Se relaxada estou, fluida ela vem.
Se encantada estou, ela corre
para me encontrar.
É quase um abraço de mãe para filho.

Canteiro de obras

Estou em processo evolutivo.
Sou o meu canteiro de obras.
Me ornamento...
mas este não é o meu foco.
Quero mesmo é florir de dentro para fora.

Inconsciente

Coisas aleatórias me encantam.
Nada tem que fazer sentido sempre.
Mesmo sabendo que o inconsciente se
manifesta nestas pequenas brechas...
deixa arder.

After

Sofro de ansiedades cósmicas.
Um desejo de brindar às existências
com o senhor do tempo.
Quase que um preparo para a próxima etapa...
Ao universo e avante.

Pingüelinha

Pequenos hiatos são necessários
para que algumas relações
sobrevivam…
desde que haja sempre uma
pinguelinha de amor entre eles.

Bailarinas

As casas que habitei ainda
tem morada fixa em mim.
Não desvinculo o real do sonho.
O que foi e o que ainda será se
apresentam no palco da vida,
são bailarinas tímidas que
dançam sempre em par.

Facilitador

Deus é um facilitador para mim.
As portas que ele fecha
são as mais preciosas.

Amor platônico

Mais do que o poema é o alcance do verso.
É como amar sem tocar...
é fazer amor com as palavras
e nunca se esgotar.

Morada poética

A poesia mora no detalhe esquecido.
Naquela porta que quase se abre.
A fresta, a varanda, a penumbra...
No sorriso envergonhado,
no beijo não dado.
No se...

Liberar geral

Devemos todos liberar o artista
que existe em nós.
Caso contrário, na vida
seremos somente peças
de uma grande engrenagem.
Temos que ser a flor que
nasce no concreto.

O que importa

Não importam as honras e méritos do poeta.
Vive-se primeiro.
Poetiza-se:
antes, durante e depois.

Radar

Não sei se é radar, antena, faro.
Eu sei que capto.
Detecto, sinto, absorvo,
reorganizo, escrevo.
Tiro nódulos dos ombros assim.

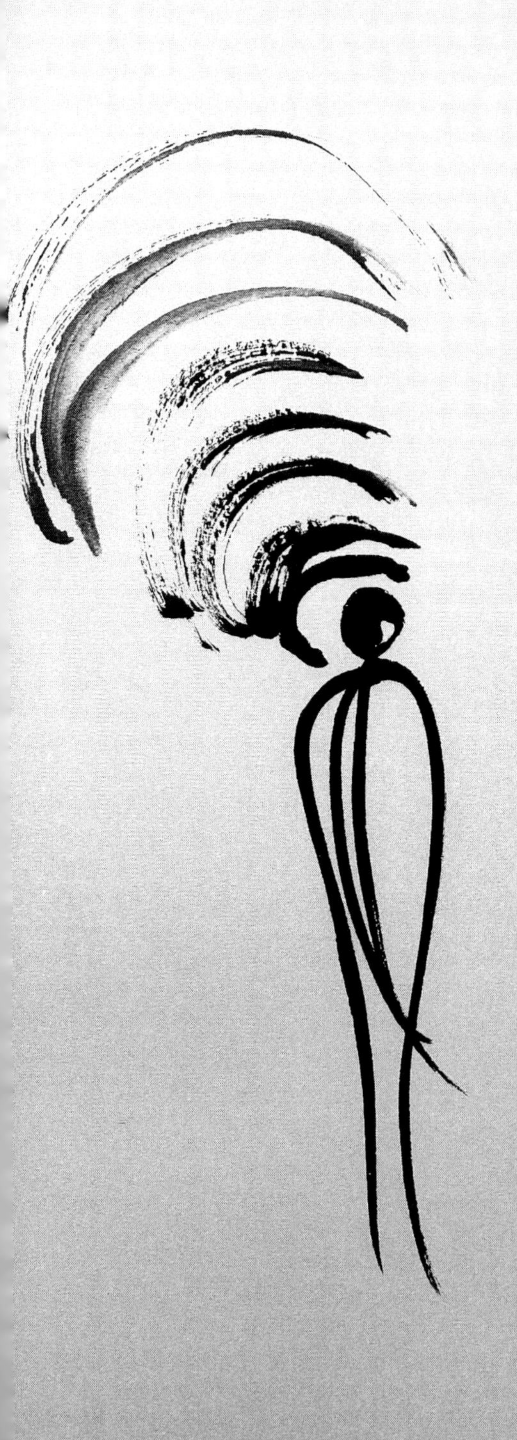

Concha e caramujo

A little bit insane,
humana, exibida, distraída, pueril.
Por vezes concha, outras, caramujo.
Acho que todas as carapuças me servem.
Vivo na corda bamba.
Emoções saltitam.
Não consigo segurar, nem o
choro, nem o riso.
Algo em mim lembra algum paraíso,
que eu não conheço, mas quero encontrar.

Transcendência

Tudo se desfaz na curva do tempo.
Aquele que somente acredita
na materialidade das coisas,
não vê que tudo é faísca e pó.
Ser, tem que ser aquele que transcende.

Faminto

Um poema me consome.
Faminto, carnal, visceral...
Nas minhas entranhas faz festa,
tem a força de um folião.
Atrevido, déspota, sedutor.
O nome dele?
Devorador de mim.

Papel e carta

Sou conteúdo emocional.
Densidade, sofreguidão,
ternura e exaltação.
Sou de urgências, carências
e reciprocidades.
Sou papel e carta.

Na íntegra

Eu sou difusa, confusa e obtusa...
mas o coração é de poeta.

Teodora

Teodora...
Um misto de catarse e nostalgia.
Teodora grita e seu grito é mudo,
preso na garganta.
Teodora canta e revolve teorias ocultas
dentro de mim.

Revolta

Hoje briguei com a saudade,
briguei com o tempo.
Rasguei fotos.
Fugi do espelho.
Cronos brincou comigo
de esconde-esconde.

Mundo novo

Compartilhamos bicicletas,
patinetes, casas, carros...
Precisamos reaprender a compartilhar
sonhos, risadas, memórias.
O sentido de posse muda.
O sentido de dividir só adiciona,
nos torna mais leves e
realmente mais humanos.

Purpurina

Viemos do pó e ao pó iremos retornar.
Neste intervalo, vamos purpurinar.

Quarentena

Quando acabar a quarentena, sei
que ela não sairá mais de mim.
Estão sendo dias em que as emoções
gritam, balançam e parecem
desgovernadas.
Estão sendo dias em que me vejo
sem precisar do espelho.
Dias que se passam lentos e
consigo ouvir os meus pulmões.
Parece que a humanidade toda foi ao divã.
Todos nós fomos convocados ao
exercício humanitário
da empatia.
É tempo de pausa e contemplação.
É tempo de olhar as horas e
não me perder no sufocar
da pressa.
É tempo de cultivar flores,
amizades, amores.
O céu nunca foi tão admirado,
as montanhas, os riachos...
Senti que todos temos o dom do
amor, da cura e do louvor.
Em instantes, o meu novo eu
ensaia para sair do casulo,
mas o casulo não sairá de mim.
Minha bagagem foi revista e modificada,
hoje, pesa menos.
Tenho mais sede no olhar e
mais vontade de viver.

Estrada e abismo

A finitude inspira uns e pira outros.
Todos nivelados a uma linha tênue,
que divide a estrada do abismo.

Atributos

Procuro na poesia atributos avessos
à minha condição humana:
constância e perenidade.

Coração Nárnia

O avesso de São Tomé.
Creio antes de ver,
amo antes de ter,
me declaro antes de ser,
confio antes de poder,
choro antes do amanhecer...
E te perdoo sem você saber.
Antes, bem antes.

Margem

Não venha jogar na minha cara
a realidade crua de um mundo
imperfeito e cruel.
Preciso da perfeição do verso,
da poesia minando diretamente da fonte.
Preciso ser a margem agraciada pelo rio...
Que tudo vê.

Raio-x

Deus conhece bem o meu coração...
Ele sabe que sou flor quando
quero me apaixonar,
e pétala quando tenho que me despedir.

Destemperança

Tenho que aprender a conviver
com a destemperança
da saudade.
Umas vezes ela sangra, em
outras, faz cócegas.

Invólucro

Somos algo além do invólucro
que nos permeia.
A sutileza do pulsar de nossos
corações em sintonia
com a maestria divina.
A delicadeza do vento em
nossa pele, volvendo a
memória vaga e leve do que
realmente somos.

Memória

Minha memória é alada, seletiva
e melindrosa.
Costumo demorar mais onde a
carência existencial é redirecionada
à carícia poética.
Fica fácil existir, então.

Lockdown

Metamorfose.
Casa.
Casulo.
Faça jus.

Ansiedade

E essa ansiedade de ser e de estar...
E essa angústia que não quer passar.
Pensamentos entrecortados.
Ausência da razão.
Só sentimento,
poesia e opressão.

Desejo do dia

Quero uma vida sem amarras...
onde o que é desejado é falado
e não reprimido.
Quero uma vida recheada de canduras...
Aonde o meu olhar siga na
direção do meu coração.
Nada encoberto.
Só céu azul e aberto.

Então...

Sou um mix customizado.
Pai, mãe...
Adjacências, temperanças, aderências,
sublimações necessárias.
Dramas pontuais e nada abissais,
acompanhados de uma alegria absoluta
e genuína.
Em busca do eu.

Minha comadre

Domingo é dia de ressignificar a saudade.
É dia de ser comadre dela.
Extrair o seu sumo e beber.
Ciente da brevidade da vida,
bom mesmo é sentir.

Oceano compactado

Tempos pandêmicos;
angústia e contenção.
Não esboço sorriso.
Tudo ficou encoberto.
Gatilhos à parte...
procuro nas metáforas
algo que me defina.
Tenho os olhos mareados,
oceano compactado.

Náufraga

A saudade me invade e vira mar em mim.
Sou náufraga por opção.

Além da tela

O mundo precisa que a gratidão saia do
papel, dos *posts* e se torne real.
Que o abraço seja verdadeiro e a
despedida se torne uma grande acolhida.
Que o eu te amo, o eu sou grato,
descolem do uso coloquial da língua
e venham realmente fazer o afeto
valer a pena na vida das pessoas.
Não somente ao afeto que pluga.
Vida que pulsa e faz a diferença
na vida dos outros.
Além da tela.

Essencialista

Com o que tenho danço,
faço música, poesia...
Com o que tenho louvo,
driblo a melancolia,
reacendo a alegria,
espanto a noite fria...
Eu me aqueço é no calor dos meus versos.

Ouro de tolo

Ainda que venha no seu encalço...
buscando um pouco de brilho,
mas ele é falso.
Ser quem não se é.
Ouro de tolo.

Poema sentinela

Fui dormir com um poema na cabeça.
Acordei procurando por ele...
Não o encontrei.
Poema sentinela é assim,
vem só para fazer companhia
e velar o meu sono.

Alusão

Poetizar em meio ao caos e a dor...
Uma alusão à flor que brota no concreto.
Sofreguidão e esperança.

Destino

O ar fica rarefeito
quando a poesia que trago em meu peito
insiste em ficar.
Cada um cumpre o seu destino...
O dela é ir e o meu é gerar.

Alquimia

Ter um olhar poético
em tempos difíceis
é quase um antídoto.
É definitivamente um elixir.
Um estado de ser...
Alquimia no olhar.

Driblando a morte

Finitude...
O enredo da vida é meu,
o ponto final é dela.
Ledo engano, pulverizado em versos
o meu ser irá se perpetuar.

Ciclos

Toda espera é poética.
Gestação, maturação, metamorfose.
Rotação, translação.
Inverno, verão.
Mágoa, perdão.

Tempus fugit

Das poesias que se tornaram necessárias
quando angústias assolam o meu peito.
Sobrepor imagens, apurar sentidos...
Respirar fundo e rezar para
que ainda haja tempo.

Scarlett

E o vento não levou Scarlett...
Ela se apega a vida
até a última seiva.
Não desiste nunca.
Segue bela e ilesa.
Scarlett é amor,
apesar da dor.
Seca aos olhos
mundanos.
Úmida e forte
aos olhos dos poetas.

Monocromática

Cansei de tanta informação.
Minha alma colorida quer ser nude.
Só por hoje, hoje e só.
Quero ver a singularidade e
monocromática estar.
Descobrir as nuances do
branco em todos seus
espectros e me encantar.
Engraçado, ouvi dizer que
nas extremidades mais
geladas do mundo, o branco
tem vários tons.
A cor insiste em mim...
Prossigo.
Mesmo sem querer o branco pulsa e
a minha mente colore o resto.
Todo.

AORTA

Palpitação

Palpitação

Corações generosos não batem apenas.
Cintilam.

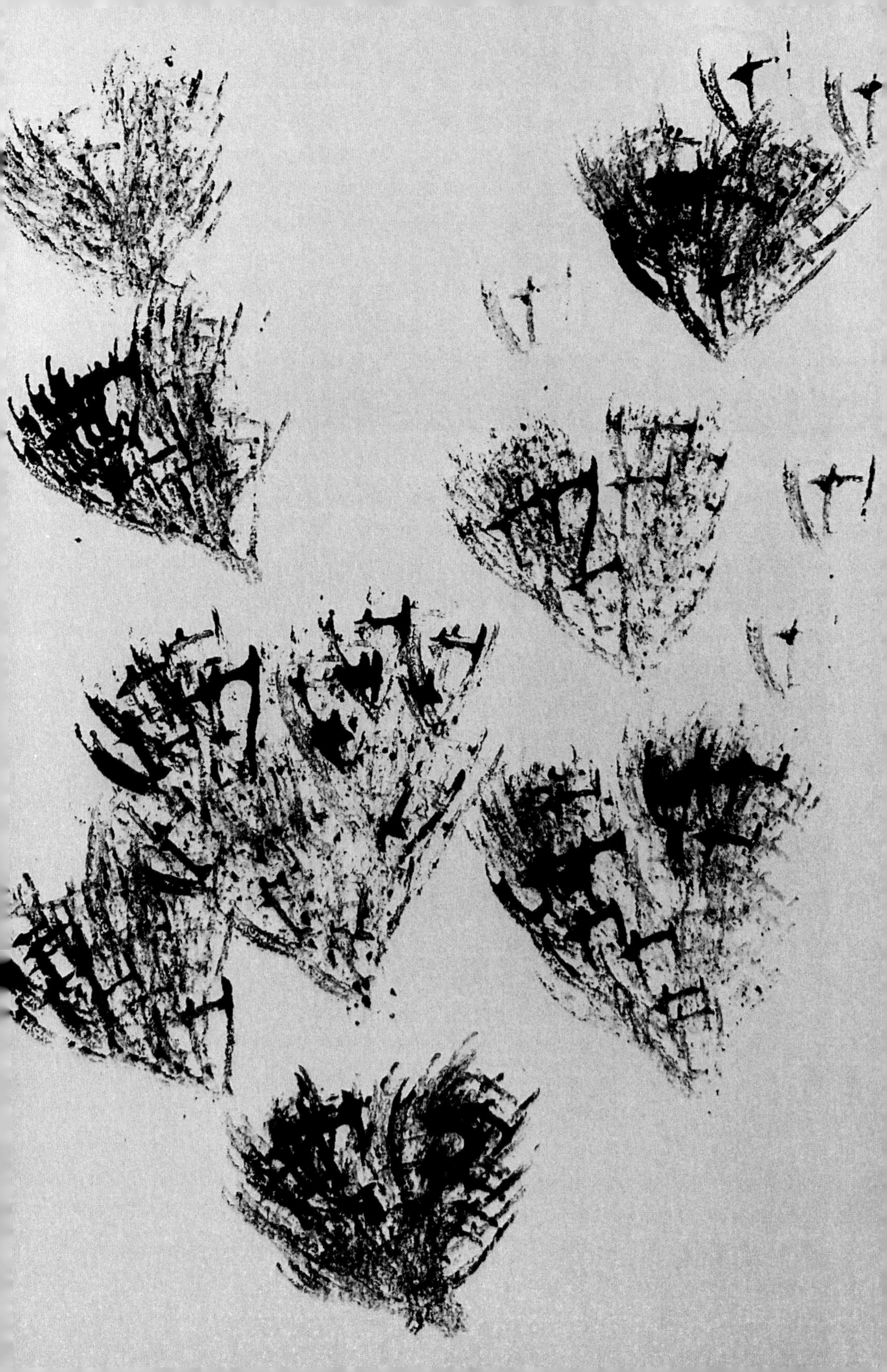

Gestação

Muitos poemas embutidos
existem dentro de mim
e não são escritos...
Eu os vivo e sinto.
Como um filho no ventre da mãe.

Antes do fim

Preciso ler todos os clássicos,
Mergulhar em Noronha,
Assistir um pôr do sol no Alaska.
But, enquanto isso...
Vivo, abstraio, colho manhãs,
dou risadas e agradeço, o entardecer
aqui e agora.

Poema para Adélia Prado

Você é mais pétala do que flor.
Tem toda a delicadeza e miudeza.
Resume a beleza com louvor.
Macrocosmo na palma da mão...
Adélia, você é imensidão.

Elã

Aquele elã que me faz
despertar para a vida...
a poesia.

Intitulando

Sou poeta de alegorias,
muitos dramas e nostalgias.
Sou poeta da cor e do afeto.
Não sei navegar em águas rasas.
Afundo, mas não atraco.
Sou barco sem porto.
Meu destino é navegar.

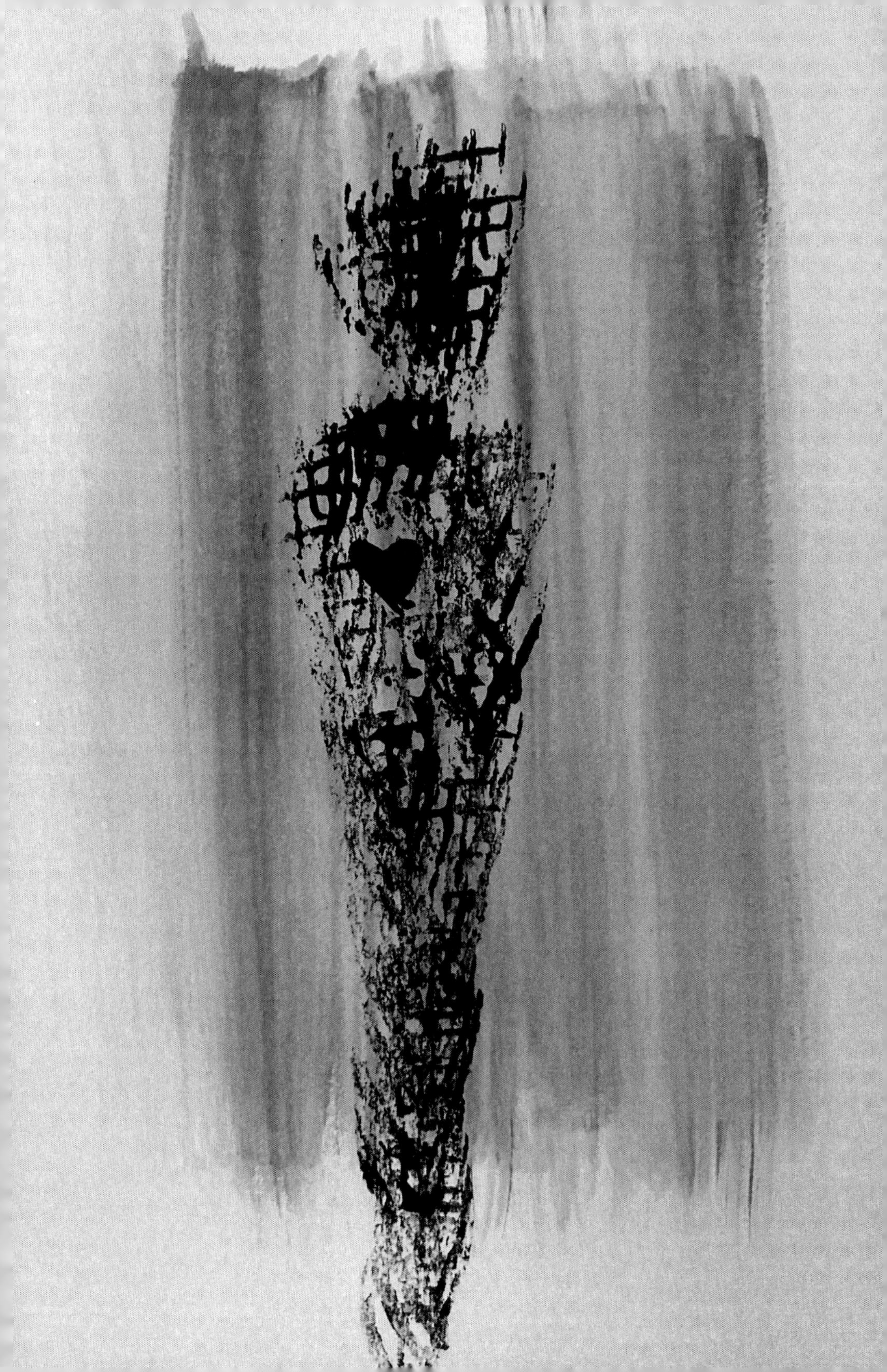

Agradecimentos

Agradeça o banho vosso de cada dia,
e o pão nosso também.
A uva, o vinho.
O beijo, a boca.
A chuva e o vento.
O poeta e o pôr do sol.

Esperança

Esperança.
Esta palavra de tão linda,
acho que ela dança.

Remanso

Eu descanso na poesia.

Arbórea

Me sinto arbórea, cintilante...
Estendo os braços?
Não.
Raízes.
Gosto de carinho, entrelaçar
as mãos, os olhares.
Abraços efervescentes me tocam.
Memórias afetivas sempre me circundam
e fazem de mim este ser que
não abraça, emaranha.

Renatinha

Nuvens são a prova
de que Deus nos quer
para sempre crianças.

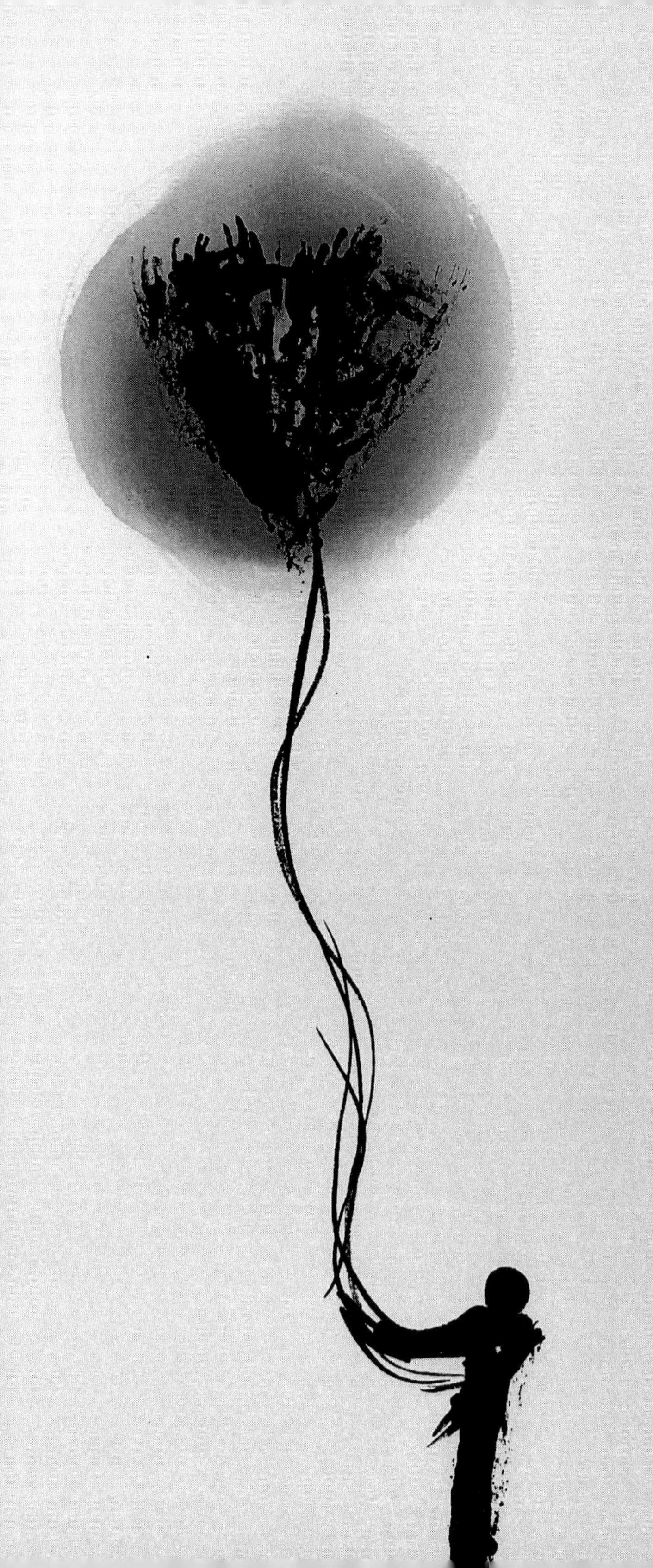

Criança

Acredito que em cada um de
nós mora uma criança.
Em alguns ela dorme,
em outros ela dança.

Endless Love

O que eu mais amo em você?
A sua célula, o seu DNA mais profundo...
Foi o que te trouxe ao mundo,
comprovando a existência do antes,
durante e depois da vida.

Cassandra

Cassandra...
Por alguns dias fiquei sem palavras
a admirar Cassandra.
Cassandra engendra, se ornamenta.
Lugar comum, nunca.
Abrigo, mansidão e candura,
predicados de uma grande mãe.

Orvalho

Queria amar como ama uma flor.
Ela segura a gota d'água como se fosse
uma lágrima de amor.

Tacila's Eyes

O olhar é a ramificação do coração.
Quando ele é belo,
a haste é toda florida.

Áries com áries

Sempre vou com muita sede ao pote.
Críticas à parte...
abstraio.
Muitas vezes o pote não é
digno da minha sede.

Paternidade

O bucolismo me tem como
sua filha legítima.

Patuás

O maior patuá é o que eu
carrego dentro do peito:
o meu coração.
A frequência do que ele emana
é o que me faz escolta.

Para Alberto Caeiro

O Tejo é o rio mais lindo que
corre na tua aldeia.
Não é o rio em si.
É o seu olhar.
Nevoeiro poético...
Contagia e deságua nos seus
versos todo o seu amor.

Retórica

Escrevo desde a minha mais tenra idade.
Escrevo na dor e na saudade.
Escrevo porque esta é a minha retórica;
Concreta,
abstrata, genuína.

Podcast

O meu *podcast* favorito:
O meu coração.

Cidinha

Me cobre com o seu manto.
Faz de mim eterna criança em
seu remanso sagrado.
Me pega no colo e guia o meu caminho.
Me embala e conta logo o seu segredo...
e me põe para dormir.

Sinestesia

Sou esta poeta que vos fala.
Sem métrica e com alguma rima.
Assimetria é a minha sina.
Confeccionar poemas também.
Colecionar momentos em palavras.
Traduzir olhares em memórias dançantes.
Catalogar auras em sons.
Poesia...
sinestesia de minh'alma.

Taquicardia

O pôr do sol me causa taquicardia poética.

Quando a gente crescer

Eu e o amarelo admiramos a sua altivez,
serenidade e maturidade.
Quando a gente crescer,
queremos ser assim como você.
Alaranjados.

Olhar florido

Tem olhares que são como uma
jardineira florida...
Gosto de me debruçar sobre eles.

Ineditismo

Considerar cada amanhecer uma estreia…
Eis aí o meu ineditismo.

Coração bússola

Sem orientação espacial eu sigo.
O meu olhar segue apenas o que me encanta.
Descobri que este é o meu Norte.

Price Tag

O valor das coisas para mim,
está agregado ao nível de fofurice delas.

Mérito

Fotografo com os olhos.
A câmera é só um meio...
O olhar captura o que o meu
coração transborda.
O resto todo é obra de Deus.

Fluvial

Quem ama prestigia, se entrega, é fluido.
Não se importa em diluir,
misturar ao outro, agregar...
O líquido que preenche é o
mesmo que converge.
Afluentes se unem e cada um
em seu tempo deságua.
No final, todos são mar.

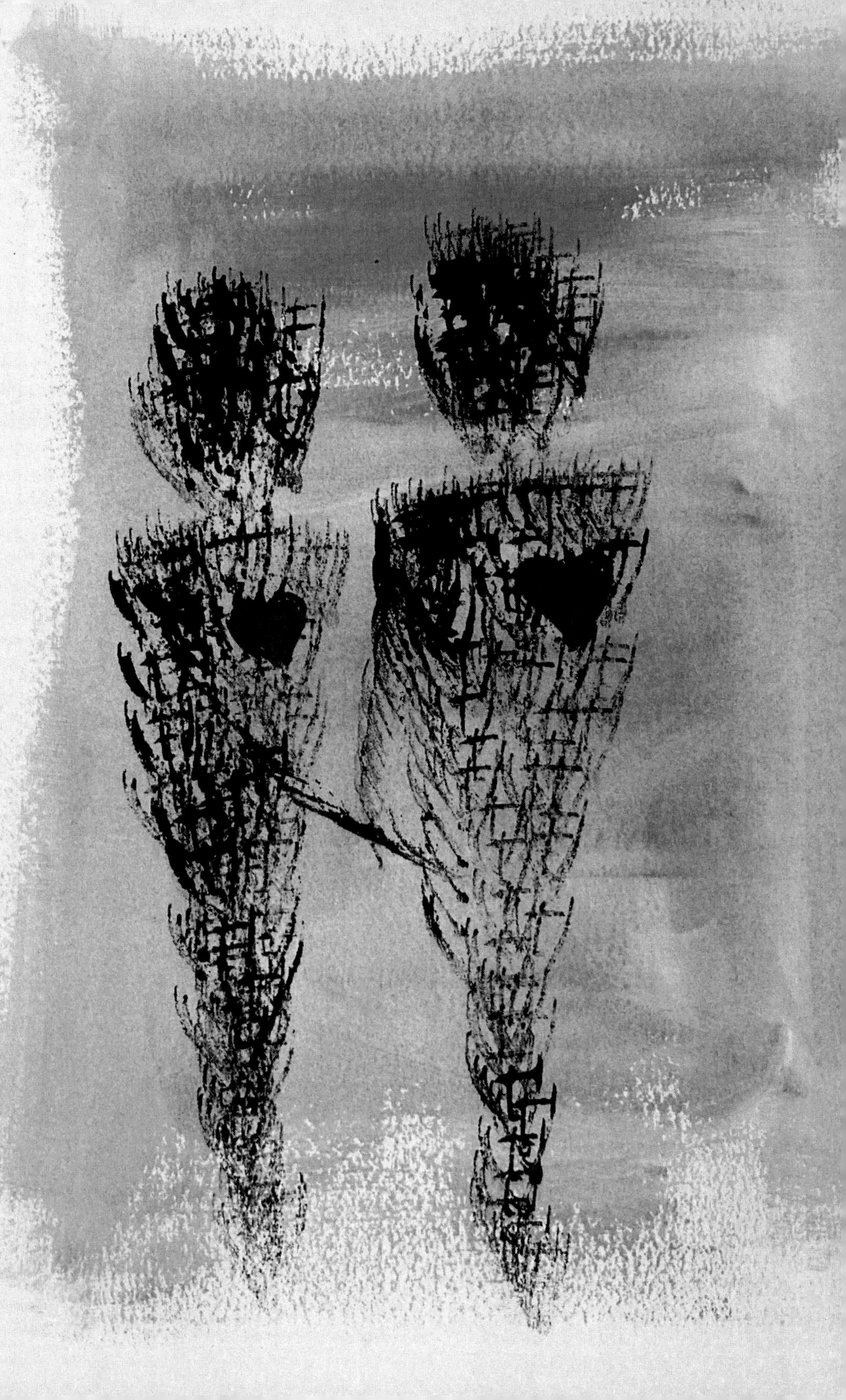

Para Rubem Alves

Todas as cores crepusculares
remetem a você:
Rubem Alves.
O pôr do sol carrega a
benção do seu olhar...
Doce veraneio ao longo do mar,
agraciado pelo sol que sempre
ao final do dia,
desce para se banhar.

Felícia

Não quero deixar esta vida
com o coração cheio de eu
te amos não ditos.
Por isso, jorro amor.

Azul modesto

Azul modesto.
Um tom de azul que nomeei…
Fica entre o azul celeste saltitante e
o marinho oceânico.
É como se fosse um intervalo
romântico entre a lua cheia
e a minguante.

Petrichor

Petrichor, do grego: cheiro de chuva
É o que sinto agora...
Ela se aproxima e algo em mim se exacerba.
A brisa traz consigo a molécula d´água:
preciosa, rara e indispensável.
A expectativa da fluidez e da umidade
me enche de cura e gratidão.

Nathy

Existem pessoas que eu olho
e não consigo ver o rosto,
só vejo o coração.

Sugestão

Saio de casa com asas...
Qualquer pedra no caminho, levanto voo.

Gangorra

Todos nós precisamos de um remanso...
de um lugar aonde os sentimentos
vagueiam e balançam na gangorra.
Ludicidade é remédio.
Riso é oração.

Bicicleta

Onde existe uma bicicleta,
imagino logo o seu dono.
E ele tem uma alma...
e ela é livre.

Dever de casa

O único exercício poético
é a contemplação.

Aurora

O seu nome já é abrigo.
Ao seu lado, meu chacra cardíaco
se expande e me deixo levar...
Numa simbiose absurda, mas real
em meus cinco sentidos.
Troco, assim como você, energia com o ar.

Para Fernando Pessoa

Sou felicidade e melancolia.
Atravesso a noite fria
com flores no regaço...
Quando eu for levar o óbolo
ao barqueiro sombrio,
te espero do outro lado da margem.

Dica

Fortaleça o seu sistema imunológico:
consuma poesia.

Ensejo

Aproveitando o ensejo,
desconfio que a saudade
é crocheteira.

Arco-íris

Acordo e só quero pensar na alegria.
Mesmo exaurida de tanta angústia,
mergulho os meus pensamentos
no potinho de ouro atrás do arco-íris.
Acho que não é pote e muito menos de ouro.
Penso que existe um banquinho,
onde eu posso
me sentar e contemplar maravilhas.
O desejo da busca me colore.

Mineiridade

Sigo assim
bem barroca.
Demorando mais em cada detalhe.
Talhando o sentimento como se fosse pedra
preciosa, mas é madeira e de lei o sentir.
A minha mineiridade extravasa
quando quero falar de amor,
faço oratório, café e poesia.

Misturinha

Sem falsa modéstia,
sou feita de açúcar e afeto.

Circunstância

Não importam as circunstâncias,
poetizar é o meio e o princípio de tudo.
Amém.

Justificativa

Quando crio, vivo.
Sou solar.
Uma energia pura e vital
percorre o meu ser...
O ápice da criação é o momento
em que tudo faz sentido.
A minha existência terrena é justificada.
Desabrocho no jardim divino.

Suspense

Quero preservar o remetente.
Medo de encanto quebrado.
A beleza, assim como o amor,
nasce em pequenas frestas.
O finito habita no detalhe
e vira imensidão.

Transbordo

Tenho tanta poesia em mim...
É como em um jardim,
há sempre um broto nascendo.

Gargalo

Coração.
Gargalo romântico
que tudo crê.
Não filtra,
se encharca.

Destino

O que fiz de mim?
Um montão de sonhos e um jardim.
Florido.

Olhar de poeta

Repare bem no olhar do poeta.
Ele tem alguma coisa que atravessa
e fica suspensa no ar.
Espelho d'água,
gerando um reflexo do céu.

Sobremesa

Poesia pura é aquela que fica no peito.
É a palpitação extra.
O elo, a química.
Sobremesa antes do almoço.

Cabeça de poeta

Cabeça de poeta é casa com janela aberta.
A saudade é líquida e preenche
todos os cômodos.
O tempo é fluido e musical.
O mundo cabe no meu jardim.
Pego uma rede e fico a admirar…
Ele ao pé de mim.

Cordis

Safena, aorta, coração.
Núcleo sedento e
transformador.
Carne e sangue,
matéria e tridimensionalidade.
Corpo e espírito.
Você é o que transborda, em
palpitações, aura e sorrisos.

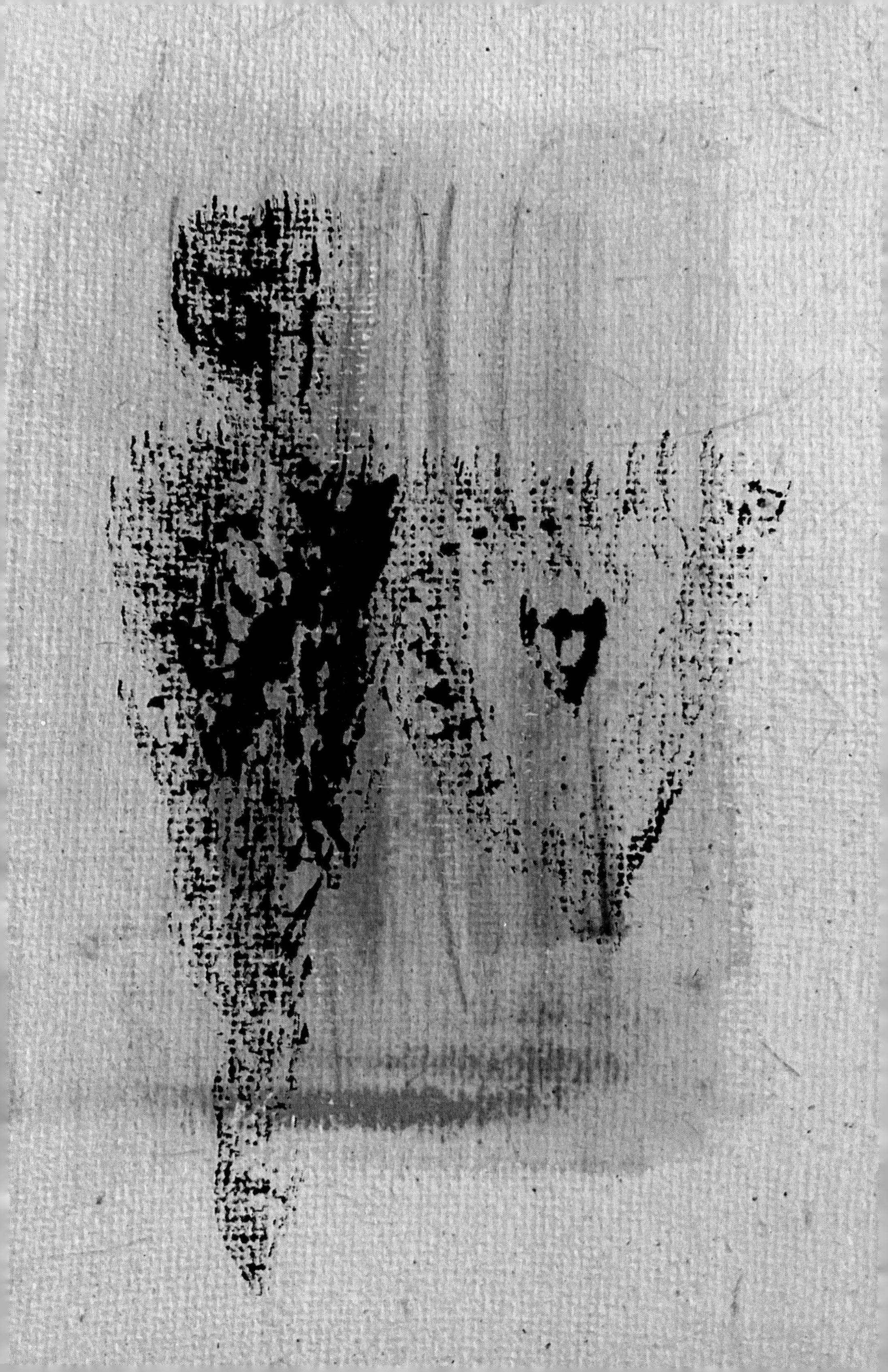

Pretensão

Quero ser refúgio para os
que têm sede de poesia.
Brisa do vento em dia de sol...
Quase a mesma coisa.

Amanhecer

Um punhado de amanhãs cabem
nos meus sonhos.
Possibilidades são esperanças sãs,
corro para que amanheça o dia
e eu possa colhê-las.

Sonho de consumo

Um quintal,
algumas galinhas d'angola,
um ipê amarelo florido,
uma rede na sombra,
fogão à lenha,
água na chaleira,
Wi-Fi não disponível.
O corpo aquecido,
a alma desacelerada e desnuda.
Sonho de consumo em uma manhã de domingo.

Rebeca

Rebeca, a ginasta.
Rebeca e o pôr do sol.
Rebeca mexeu comigo.
Rebeca e a sua pose favorita.
Antes do salto, glamurosa e serena.
Rebeca ensina:
— Posso ser o que eu quiser.
Posso paralisar o tempo desejado
e ficar nele até o fim.
— *Strike a pose*, Rebeca.

O silêncio das coisas

Poesia é tudo que fica quando me
resta o silêncio das coisas.
E o meu coração palpita
no compasso de uma rima.

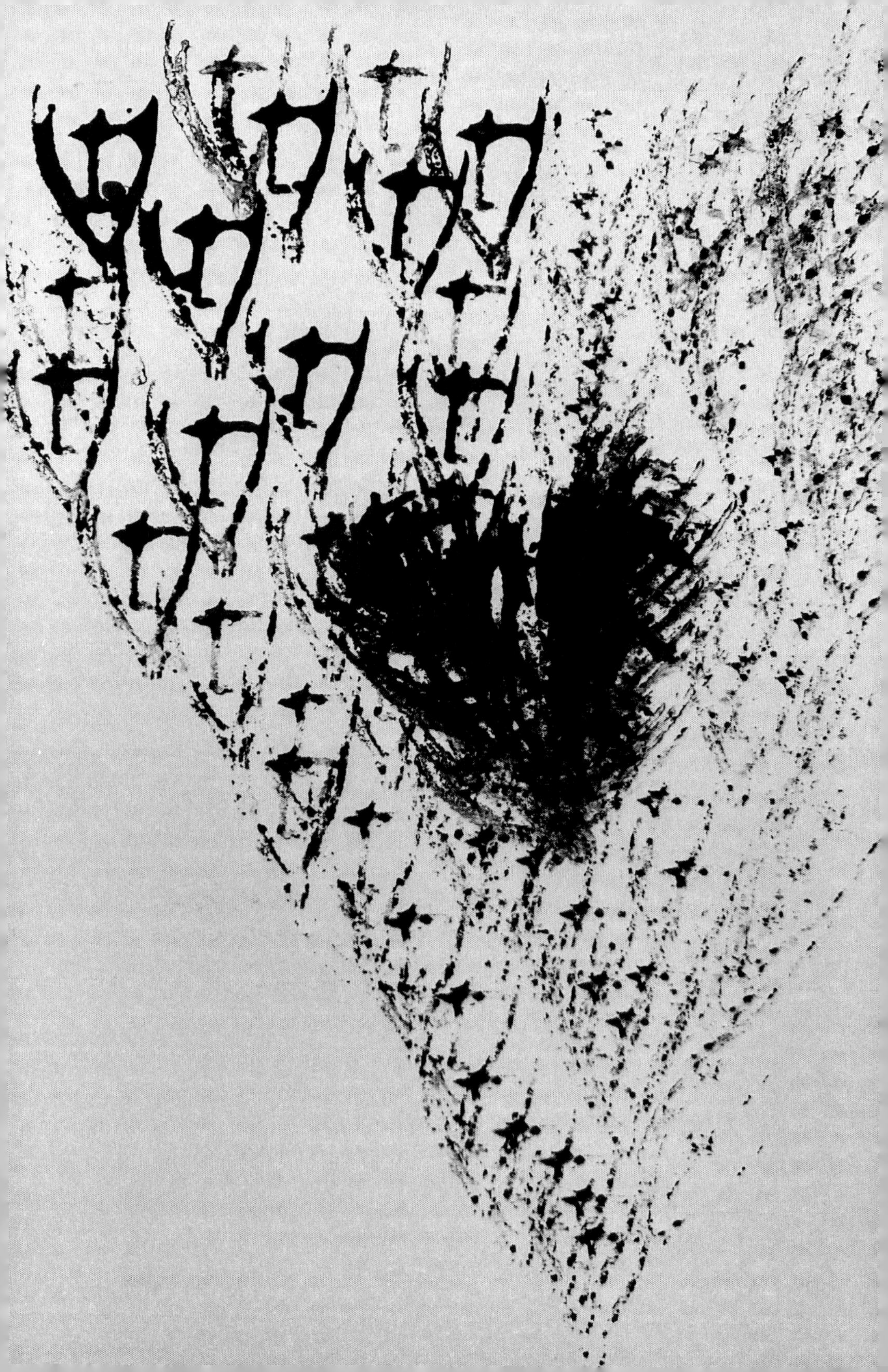

Iê

Poesia e melancolia moram no seu olhar.
Uma dicotomia crônica.
A sua boca quer navegar no céu.
O seu olhar quer sobrevoar o mar.

Vocação

Não basta se intitular poeta,
há que viver em estado de poesia.

Sobre ser duplamente ariana

Poetizo desenfreadamente.
Procuro fixar emoções,
catalogar olhares, nuances.
Dou ênfase e não me desculpo pelas
minhas risadas homéricas.
Insisto respirar em êxtase o agora,
como quem acabou de nascer.
Quero tudo, quero tanto.
Investir no agora é o meu canto.
Por vezes, grito.

Volátil

Acordei volátil.
Expando a minha consciência
a um nível mais elevado.
Flutuo...
Me liberto da matéria fácil,
pois sei que sou poeira das estrelas.

Enófila

Como um bom vinho,
a poesia precisa ser
apreciada e degustada.
Com muita sede, você
não verá a proeza do verso
e com muita pressa,
não sentirá a sutileza
de seu pulsar.

Rúbia

Rúbia,
a sua copa florida é arte impressionista.
Atemporal, com um quê de nostalgia.
A sua imagem me remete ao pulsar do tempo.
Somente aquele que vê a
beleza como um elo,
configura em ti um portal.

Alicerces

Poetas são
alicerces de
sonhos.
São pilares que
se sustentam
nas nuvens.
A palavra é o elo,
a poesia é a cura.

Eu

Não me peça para ser como os outros.
Não tenho padrão,
meu único eixo é o poético.
Gosto é do sentimento,
autêntico e verdadeiro.
Não filtro, explodo.
Eu amo o todo.
Padrão é para quem se encaixa.
Eu nasci fora da caixa.
Sou das estrelas.

CORAÇÃO

Memórias Cardíacas

Memórias cardíacas

Coração saudoso não bate...
Trepida.

Flashback

Memórias cardíacas
são aquelas em que o coração
dá o disparo e
engata em um ritmo alucinante,
enquanto durar o momento do *flashback*.

Flamboyants

E Deus criou os flamboyants.
A árvore preferida do meu avô
que queria ser bailarino.
Que tinha os olhos de mar.
Profundo,
requintado,
ouvido musical.
A sua preferência:
música clássica.
Quando dei por mim,
carente em ouvir suas histórias,
ele já havia virado estrela.
E hoje, a minha saudade volta farta
quando os Flamboyants florescem.

Maio

Em maio, a minha alma desperta.
O cheiro doce das manhãs e o
perfume do entardecer
me enaltecem.
Em maio, penso que sou anjo
e desejo voar no céu cor-de-rosa,
presságio de um friozinho bom.
Aconchego.
Em maio, até quem não é poeta
arrisca um verso.
Em maio, toda cor cintila e realça.
Em maio, meu olfato exacerba e reconhece
o cheiro de lenha,
do fogão à lenha.
Em maio, na fazenda, minha
bisavó me chama:
- ô Nhá, vem cá!
Já em outro plano respondo:
- Nhá não vó,
sou eu, Luciana.

Bubu

Quais as chances?
Mesmo após dozes anos da sua partida,
a Siri ainda sugere que eu te ligue?
Quais as chances de uma amizade
durar atravessando
o tempo e o espaço mergulhada
na torrente da saudade?
Eu não te esqueço...
só que a Siri insiste em
te lembrar sempre.
Sonhei com você esta noite, nos
encontramos e foi lindo.
Sinto a sua falta e procuro
não confabular,
mas a Siri conecta dois mundos.
Ela não é aleatória.
Ela é sensitiva.

Sempre ela

O jeito de bater a gilete no banho,
foi você quem me ensinou.
Ainda tenho esse hábito toda
vez que depilo as pernas.
Acho que virou um toque.
Acho que já é uma homenagem
a você que não está mais aqui entre nós.
Mas foi você a culpada, naquele dia,
em que fomos expulsas de sala.
Eu provoquei.
Enquanto bocejava, joguei uma
caneta Bic em sua boca.
Mas a surra que veio depois e os gritos…
culpa sua.
Na sala de "detenção", eu escrevia poemas
enquanto você remoía a raiva.
Foram muitos muros que pulamos,
muitas risadas e cumplicidades.
Madonna em *Vogue* é você,
estilosa e solitária.
Hoje, fico a revirar fotos e a chorar.
Só ameniza a dor quando dou as batidas
da gilete no box do banheiro.
Quase posso escutar a sua voz.

Pirlimpimpim

Revisito alguns lugares mentalmente.
Refaço cenas.
Ora protagonista,
ora espectadora.
O meu terceiro olho se abre
feito uma pétala brilhante.
Acredito que *in loco* deva haver um pozinho
de pirlimpimpim de mim.

Infância

Passei embaixo do pé de Aroeirinha.
Foi há um tempo atrás,
mas parece que aconteceu ainda agorinha.
Os desejos do corpo,
a ânsia de viver e o mundo de Alice,
reencontraram comigo...
Quase um resgate.

Chico

Aquele dia na varanda
eu deveria ter escutado a voz
que falou ao meu ouvido.
Estávamos só nós dois conversando
e a voz insistia em me dizer:
- Fica.
Não senti que seria a última vez que
nos veríamos e saí apressada.
Ignorei a voz.
Arrependo e quando lembro do seu olhar...
ele já era de despedida.
Ninguém sabia, nem eu, nem você.
Só a voz.

Objetivo

Vivo em busca da beleza.
Daquele momento em que o sorriso escapa.
De quando olhares se encontram
e a doçura condensa a cena,
em cores, sabores, cheiros
que exalam memórias.
Em passos que nunca dei.
Na vida que não vivi,
gesticulando feliz para que eu
continue a procurar pelo meu sonho
em noites claras,
em versos vagos,
na vida que escolhi viver.

Memórias olfativas

Memórias olfativas são fatais.
Basta uma brisa à toa e o que
está muito bem guardado voa
e faz um *rendez-vous* em meu coração.

Xu

Cabelos cacheados, um olhar
doce e distante.
Eu sempre observei a palma de suas mãos...
Linhas fortes, muitas e entrecortadas.
Uma alma cheia de densidade e sabedoria.
Você se desconectou do mundo e se isolou.
Fechou em sua própria concha.
Mal sabem os tolos,
que a sua concha é cheia de estrelas
e quando chega a noite,
você não fica só,
elas te fazem companhia.

Primo Pedrinho

Existem umas saudades que
chegam fazendo cócegas.
Vão se infiltrando na gente
feito brisa boa.
Anestesiam o tempo e a nostalgia e
ficam assim a dançar dentro da gente.
Quando me pegam rindo à toa,
com certeza, em algum ponto
dessa saudade boa, a minha alma voa.

Amo você

Amo você.
Amo todos os seus fluidos corporais
e a massa que recobre a sua alma também.
A palma de sua mão
e todo o caminho que ela percorre em mim.
A lágrima, o suor
e o torpor depois do amor.
O diluir dos meus anseios
quando a sua boca
inebriante cala a minha.
O sussurrar ao pé do meu ouvido...
Sou só o murmurinho da chuva
caindo noite adentro.

Neutrox

Depois de décadas resolvi te usar de novo.
Seu cheiro permeia a minha infância, como
as doces e intermináveis piscinadas.
Saudades de você e do tempo que
nas prateleiras havia só você.
O único responsável por
desembaraçar minhas madeixas e
de toda uma geração.
Hoje, me sinto confusa na seção de cremes.
É muita informação, muito milagre
para um desembaraço só.
Me sinto perdida em um mundo
com produtos infindáveis
e infalíveis.
Por isso, hoje optei por você, Neutrox.
Acho que por mim também.
Queria resgatar o perfume de
um tempo quase esquecido,
se não fosse por minha incessante
e pertinente nostalgia.
Foi a isca que faltava para que
eu revisitasse meu passado
analógico, bucólico e de uma
simplicidade comovente.
Rara, nos dias atuais.

Saudades da minha terra

Minas tem destas coisas...
Arranca a gente do chão e faz voar.
As suas montanhas são o meu mar.
Arreda que eu quero arranchar.
Aqui é o meu lugar.

Coração na bandeja

Não sei ser superfície
onde já fui profundeza.
O jogo me drena e retira energias vitais.
Gosto do remanso, de dar colo, de ser eu.
Sorriso largo, bobo, coração que é ninho.
Perdemos o *timing*.
O hiato se instalou e as
nossas risadas viraram um
eco distante, quase inaudível.
O não dito, o orgulho,
tem um destino certo,
o finito.
Coração na bandeja, só é servido uma vez.

Maria

A saudade que leva o teu nome tem perfume.
A tua delicadeza altera a
molécula das coisas.

Iemanjá

Iemanjá ouviu o meu pedido.
Roçou o meu corpo e me abraçou
em suas águas mansas.
Fez de mim feto em seu ventre salgado.
Me embalou, cantou e benzeu.
Curou as minhas feridas.
Fez de mim sua filha legítima e disse:
- Abranda o teu coração, a
maresia é o meu perfume.
Siga-o.

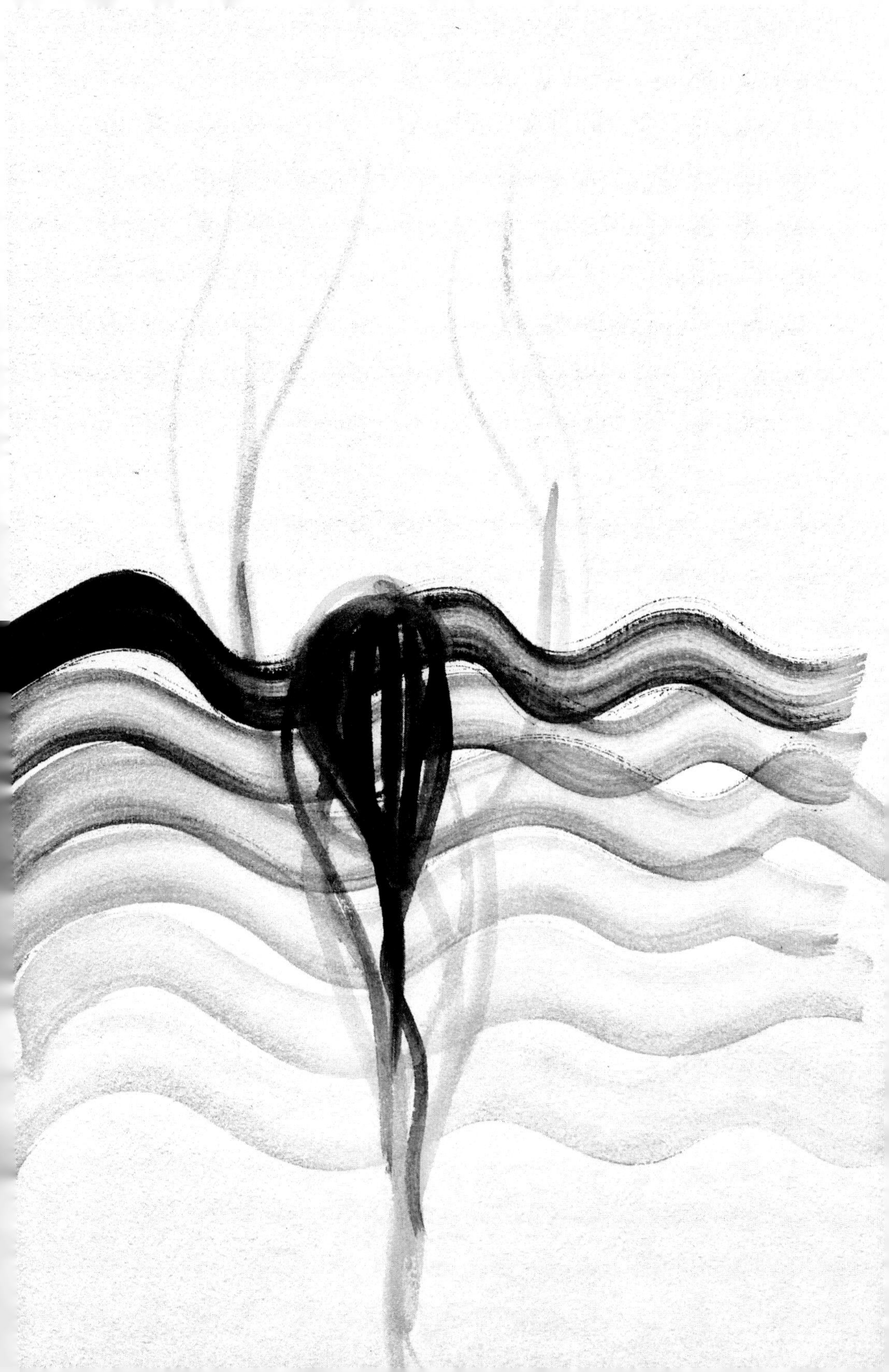

Monólogo

Eu e as minhas ilusões.
Em tudo coloco uma dose exagerada
de expectativas, amor e humor.
Já faço um roteiro.
Um filme que no final, tudo é
grandioso e assertivo.
Me pego contracenando sozinha,
assumindo um monólogo na minha
cabeça e na vida real.

Casa de mãe

Chove em BH.
O frio, a umidade,
calor e aconchego.
Não quero a aridez.
Quero a relva molhada,
o cheiro de chuva,
a casa da minha mãe.

Betinho

Desde que você nasceu,
sinto que veio para cuidar de mim.
O seu olhar doce e forte.
O seu talento em conduzir
a vida me emociona.
Tão pouca idade e tão grande
sabedoria e generosidade.
Coração evoluído, que por sorte
minha escolheu meu ventre para
bater pela primeira vez.

Desejo do dia

Na verdade, hoje eu só queria
falar de saudade
e de coisas que nunca foram.

Fim de tarde

Aqueles fins de tarde não saem de mim.
A doce lembrança da sua presença ao
meu lado me aquece.
Como aquele sol morninho e quentinho
no entardecer.
Uma carícia poética que só
os amantes conhecem.
A ternura das cores crepusculares,
uma ode à poesia.
Melodia doce e triste,
lembranças felizes carregadas de
um brilho dourado.
Cor da saudade.

Marcela

Sonhos que se esbarram.
Energias que circulam.
Quase posso te sentir...
Te vejo plena, fluida, dançante.
Memórias amanhecidas me unem a você.
Nem mesmo a saudade tem a força
centrífuga de um sonho.
Um encontro, eu não duvido.

Vitral

Memórias cardíacas,
dançantes,
aladas,
melindrosas,
reprimidas.
Cacos para um vitral de luz e sombras.

Pingos nos "is"

O peso que colocamos nas coisas,
a ausência de leveza.
O tempo que andava escasso.
O meu andar sempre descompassado
e em círculos.
Foi em linha reta e a caminho do
meu coração que me encontrei.
O silêncio não se fez de vítima,
foi inquisidor e arrancou questionamentos,
desvendou tribulações, e segue
colocando os pingos nos "is".
Segue também freando impulsos
compulsivos fúteis e desordenados.
Depois veio a paz imperial, intercalada
com angústias existenciais.
Nas minhas imperfeições eu
me perco e me acho.
No meu litoral poético, sigo
as pegadas que deixei quando o
visitava na urgência das horas.
Agora, fecho os olhos e num instante
a maresia vem me abraçar.

Adolescência

Não poderemos nos encontrar
no aeroporto de Tóquio,
conforme havíamos combinado.
Motivo: você desencarnou e levou
um pedaço do meu coração.

Borboletas imaginárias

Alimente as suas borboletas imaginárias.
Habite o seu mundo interior.
Percorra os corredores da sua história.
Entre em cômodos esquecidos.
Destrave e lubrifique portas e janelas.
Povoe seu jardim.
Leve seus amigos alados, sonhos
antigos, brinquedos perdidos,
desejos reprimidos e melodias
que se repetem.
Solte-os lá e frequente de vez em sempre.
Com certeza de tédio
você não morrerá.

No exit

Meu coração é um imenso saguão.
Aqui não tem antessala.
Um cômodo só...
Pisou já está dentro, sem
saída de emergência.
No exit.

Sussurro

O tempo nos é emprestado.
A tarde muitas vezes parece não ter
fim, mas mesmo assim, a noite chega.
Sonhamos em sermos eternos, mas
a finitude é eminente.
Acordo e começo o meu dia, peço que ele
termine assim, com a mão de Deus fazendo
carinho em mim e dizendo baixinho:
— Ainda não é o fim.

Conselho

A terra é transição...
Hospedagem temporária.
Não finque raízes profundas
somente com a matéria.
Preserve e cultive corações
sempre em sintonia com o seu.

Rua Henrique Burnier

Quero uma samambaia para chamar de minha.
Quero o alpendre da minha avó, a mesa
amarela e os sonhos que estavam por vir.
Quero a vida antes, recém inventada.
Um jardim e dois amantes.
O calor do corpo,
brasa e nostalgia.
A alegria antes da melancolia.
As cores do domingo.
O avô na sala ainda dormia,
agora estou só, a lembrar da euforia.
Percorro em pensamentos cada canto
da varanda, revejo as samambaias,
as janelas baixas de madeira escura,
o piso de pedras coloridas, a cerca
toda trabalhada em treliça,
a vista da rua, do céu...
Fiz um curta metragem deste cenário.
Já assisti mil vezes.

Diretor Editorial | Gustavo Abreu
Diretor Administrativo | Júnior Gaudereto
Diretor Financeiro | Cláudio Macedo
Logística | Vinícius Santiago
Comunicação e Marketing | Giulia Staar
Assistente Editorial | Matteos Moreno e Sarah Júlia Guerra
Designer Editorial | Gustavo Zeferino e Luís Otávio Ferreira
Ilustrações de Capa e Miolo | Lisi Wendel
Foto da 1ª Orelha | Luiza Almeida — e-mail: luhmarie@hotmail.com

Dados Internacionais de Catalogação na Publicação (CIP) de acordo com ISBD

R248t Rausch, Luciana

Taquicardia poética / Luciana Rausch ; ilustrado por Lisi Wendel. - Belo Horizonte : Letramento, 2021.
244 p. : il. ; 15,5cm x 22,5cm.

ISBN: 978-65-5932-013-4

1. Literatura brasileira. 2. Poesia. I. Wendel, Lisi. II. Título.

2021-1347 CDD 869.1
CDU 821.134.3(81)-1

Elaborado por Vagner Rodolfo da Silva - CRB-8/9410

Índice para catálogo sistemático:
1. Literatura brasileira : Poesia 869.1
2. Literatura brasileira : Poesia 821.134.3(81)-1

Belo Horizonte - MG
Rua Magnólia, 1086
Bairro Caiçara
CEP 30770-020
Fone 31 3327-5771
contato@editoraletramento.com.br
editoraletramento.com.br
casadodireito.com

LUCIANA RAUSCH

@notaslurausch
lulurausch@hotmail.com

editoraletramento
editoraletramento
grupoletramento
editoraletramento.com.br
company/grupoeditorialletramento
contato@editoraletramento.com.br

casadodireito.com
casadodireitoed
casadodireito